Die köstlichsten Rezepte aus Apulien

SIME | BOOKS

Inhaltsverzeichnis

Typische Produkte

In der apulischen Küche werden sowohl Obst- und Gemüsesorten als auch Meeresfische und Krustentiere verwendet. Die Kost in diesem Landstrich ist im nobelsten Sinn des Wortes sehr „ursprünglich", und da Landwirtschaft und Fischfang hier seit Jahrtausenden betrieben werden, sind die Zutaten von hervorragender Qualität. Die eher „bäuerlichen" Gerichte sind in den meisten Fällen einfach nach zu kochen.

Die Früchte der Erde

Die Fülle und Vielfalt der apulischen Obst– und Gemüsearten sind beeindruckend. In Apulien wird selbst das kleinste Fleckchen Erde bepflanzt und die Erzeugnisse anschließend stolz auf den Markt getragen. Einige von ihnen haben bereits hohe Qualitätsauszeichnungen erhalten (DOP, IGP, Slow Food) und sind bei Gourmets sehr beliebt. Dazu gehören: die süßen und saftigen **Clementinen** aus der Region vom Golf von Taranto, die unvergleichlichen **Ferrovia Kirschen**, die zarte, rote **Zwiebel aus Acquaviva** sowie die **Saubohnen aus Carpino**, die **Mandeln aus Toritto**, die **Orangen und Zitronen** aus den Vorgebirgen von Gargano und die **Artischocken aus San Ferdinando.** Besonders folgende Produkte sind aus der apulischen Küche nicht wegzudenken: die unverzichtbaren **Rüben**, die herben **Traubenhyazinthenzwiebeln**, die köstlichen **Cardoncelli Pilze**, das bittere **Zicchoriengemüse**, das seltene, gurkenähnliche

Gemüse **Caroselli** und **Barattieri,** das man in keiner anderen Region Italiens findet, sowie **Mùgnuli,** eine Art kleine Brokkoli und die **Tafeltrauben**. Paprikaschoten, Zucchini, Auberginen und Artischocken werden gegrillt oder frittiert, mit Öl mariniert oder in Öl eingelegt.
Legendär sind auch die **Oliven** Apuliens, zum Beispiel die berühmte Sorte **Bella della Daunia.** Die grünen Oliven dieser Sorte werden in Salzlake eingelegt und zum Aperitif verzehrt, die schwarzen frittiert. Apulien ist ein bedeutendes Anbaugebiet für Oliven und liefert erstklassiges Olivenöl. Fünf Olivenölproduzenten können die besonderen Auszeichnung DOP (denominazione di origine protetta) vorweisen. Die beachtliche Produktion ist mit den anderen fünf Öl herstellenden Provinzen Italiens vergleichbar und steht hinsichtlich Menge und Qualität auf der Weltrangliste an oberster Stelle.

... und die Früchte des Meeres
Apulien liegt auf einer Landzunge zwischen dem adriatischen und dem ionischen Meer und kann daher auf viele Schätze aus diesen Gewässern zurückgreifen. Bereits in der Antike wurden die **schwarzen Miesmuscheln** aus dem Golf von Taranto gerühmt, bekannt sind auch die **roten Krabben aus Gallipoli** sowie die **Aale aus dem Lesina See.** Meeresfrüchte wie Meerwalnuss, Seeigel, Muscheln, Austern, Venusmuscheln

oder junge Tintenfische sind wichtiger Bestandteil apulischer Vorspeisen, bei denen rohe Meerestiere ausschließlich mit Zitronensaft mariniert serviert werden.

Ohne Mehl geht es nicht

Die Hochebene *Tavoliere* gilt als Kornkammer Italiens und beliefert fast ganz Italien mit Getreide. Weizenprodukte nehmen in der apulischen Küche einen bedeutenden Teil ein und sind von sehr guter Qualität. Auch in anderen Gebieten Italiens schätzt man Zubereitungen mit „gedörrten Weizen."

Das **Brot**, das in Altamura, in Monte Sant'Angelo und in Laterza gebacken wird, ist im ganzen Land bekannt. Es wird frisch als Beilage gegessen oder altbacken für **Bruschetta** (la fedda rosse – geröstete Brotscheiben, die mit frischen Tomaten belegt sind), für **Cialledda** (Brotsuppe mit frischen Tomaten) oder **Acquasale** (siehe Glossar S. 86) verwendet. Die Provinz Apulien ist auch der Inbegriff für: **Panzerotti** (halbmondförmige, im Ofen gebackene Teigtaschen, die mit Oliven, Kapern, Zwiebeln und Sardellen oder mit Käse gefüllt sind), **Focacce** (Fladen), **Friselle** (hart gebackene Hartweizenbrötchen), **Taralli** (Weizenkringel mit Wein), **Tarallini** (kleinere Weizenkringel, wie Kekse) und **Scaldatelli** (große Weizenkringel mit Olivenöl), **Pucce** (Hefebrötchen mit Oliven) und **Uliate** (wie Pucce, nur kleiner) sowie **Pìttule** (mit Oliven, Kapern und Tomaten

gefüllte und in Öl frittierte Teigbällchen).
In dieser Region gibt es außerdem die **Baluardo**, eine süditalienische Polenta, die frittiert und in großen Stücken (sgogliozze) serviert wird.
Die Königin der Speisetafel aber ist die **Pasta**, die, je nach Form und Zubereitungsart, mitunter bizarre Namen trägt: **Orecchiette** (in Form von kleinen Öhrchen – diese Nudeln werden häufig verwendet) oder **Strascinate** (an den Rändern aufgebogene Teigscheiben), Troccoli (dicke Spaghetti), **Cavatelli** (kleine Teigschiffchen), **Sagne 'ncannulate** (gedrehte, lange Bandnudeln) sowie **Minchiareddhri** (kurze, gedrehte Bandnudeln).

Milchprodukte in zahlreichen Variationen
Wie heißt der berühmteste apulische Käse? Mozzarella! Dieser Brühkäse wird aus einer Frischkäsepaste in verschiedene Formen gezogen (kleine Bällchen, kleine Knoten, Zöpfe usw.).
Wer könnte auch dem köstlichen **Burrata** widerstehen, aus dessen Inneren eine sahnige Frischkäsecreme fließt? Es ist gar nicht leicht, sich in der üppigen Vielfalt der apulischen Käsesorten zurechtzufinden. In der ganzen Provinz werden die Sorten **Cacio** oder **Caciocavallo**), **Cacioricotta, Pecorino, Ricotta** und **Scamorza** (geräucherter Mozzarella) hergestellt.
Einige Gebiete haben ihre speziellen Produkte mit eigenen Namen versehen. Dies gilt für den Käse **Burrata,** für den **Caciocavallo Silano**, den Schafskäse **Canestrato Pugliese** (mit dem

Markenzeichen DOP) und für den **Caciocavallo Podolico Dauno**. Besonders erwähnenswert sind die Käsesorten **Manteca**, **Giuncata** sowie die **Ricotta Skuant.**

Fleisch- und Wurstwaren

Die apulischen Würste und Fleischsorten haben einen eher würzigen Geschmack. Der geräucherte **Schinken von Faeto** ist beispielsweise dunkelrot und sehr kräftig, die **Schweinewurst von Marina Franca** äußerst aromatisch. Ein besonderes kulinarisches Erlebnis ist die Verkostung von gegrilltem Fleisch aus den Holzöfen im Tal Valle d'Itria und in dem Städtchen Laterza oder die **Turcinieddhi** (auch **Gnumerieddhe**), Fleischröllchen aus Herz, Lunge und Leber von Lamm oder Ziege, die langsam auf dem Grill gegart werden. Einen ebenfalls besonders ausgeprägten, würzigen Geschmack haben die luftgetrockneten groben Würste **Salsiccia a punta di coltello** aus **Alta Murgia** und die Salentiner Rinder-Schweinesalami **Salsiccia salentina**. Weit verbreitet ist auch der Genuss von **Pferdefleisch** entweder als Kotelett oder als Ragout. **Lamm- und Ziegenfleisch** wird als Belag eines pikanten Pizzakuchens verwendet oder auf dem Grill zubereitet.

Vorspeisen und Fladen

Gerstenbrötchen mit Tomaten (Friselle al pomodoro)

Zutaten für 4 Personen:

●○○

- 2 Knoblauchzehen
- 4 Gerstenbrötchen (friselle ersatzweise können dazu getoastete Roggenbrötchen verwendet werden)
- 4 vollreife Tomaten
- 1 Schuss kalt gepresstes Olivenöl
- 1 Prise Salz
- 1 Prise getrockneter Oregano
- eventuell einige Blätter Rucola sowie geriebener, gesalzener Ricotta

Die Knoblauchzehen schälen, halbieren und die aufgeschnittenen trockenen Brötchen damit einreiben.

Die Brötchen kurz unter einen Wasserstrahl halten, dabei das Brot nicht zu stark durchtränken. (Dieser Vorgang ist nur notwendig, wenn man die originalen apulischen Brötchen verwendet, die hart wie Zwieback sind!)

Die Tomaten waschen, vom Stielansatz befreien, halbieren und die Brötchen mit der Schnittfläche der Tomaten einreiben. Die Tomatenhälften auf die Brötchen legen, mit etwas Olivenöl beträufeln, mit Salz und Oregano würzen.

Nach Belieben einige frische Blätter Rucola und geriebenen Ricotta darüber streuen.

Sofort servieren.

Amure - Salento IGT Weißwein
Weinkellerei Emera Guagnano (Lecce)

In Öl eingelegte Auberginen (Melanzane sott'olio)

Zutaten für ein großes Einweckglas:

- 2 Auberginen
- 2 Knoblauchzehen
- einige frische Pfefferminzblätter
- 1-2 Pfefferschoten
- je nach Gefäß bis ca. 500 ml Olivenöl
- etwas Weißweinessig
- grobes Meersalz

●●●

Die Auberginen waschen, beide Enden entfernen und entweder in dicke Scheiben oder schmale Streifen schneiden.

Scheiben oder Streifen für einige Minuten in eine Schüssel mit kaltem Wasser und einem Spritzer Essig legen. Danach herausheben und vorsichtig ausdrücken.

Inzwischen den Knoblauch schälen, die Pfefferminze waschen, trocken schleudern und beides fein hacken. Die Pfefferschoten klein schneiden.

Die Auberginenscheiben schichtweise in ein hohes Einweckglas mit weiter Öffnung legen. Nach jeder dritten Lage Knoblauch, Pfefferminze, Pfefferschoten und etwas grobes Meersalz darüber streuen. Den Vorgang wiederholen, bis die genannten Zutaten verbraucht sind.

Den Glasinhalt mit einem Gewicht beschweren und mindestens 2 Tage pressen.

Anschließend das ausgetretene Wasser abgießen. Dabei darauf achten, dass sich die Auberginenschichten nicht verschieben.

Einen guten Schuss Weißweinessig in das Glas gießen, weiterhin mit dem Gewischt beschweren und nach 2 bis 3 Stunden abermals das Wasser abgießen. Das Gefäß mit Olivenöl auffüllen, bis der gesamte Inhalt davon bedeckt ist.

Das Glas luftdicht verschließen und die Auberginen 1 Monat lang durchziehen lassen.

Fladen aus Bari

(Focaccia barese)

Zutaten für einen mittelgroßen Fladen:

- 1 mittelgroße Kartoffel (ca. 125 g)
- 125 g Weizenmehl Type 405
- 125 g Weizengrieß
- 1 gestrichener TL Salz
- 120 ml lauwarmes Wasser
- 1/2 Würfel Hefe
- 1/2 TL Zucker
- 10 kleine Dattel- oder Kirschtomaten
- 1 guter Schuss kalt gepresstes Olivenöl
- etwas getrockneter Oregano
- etwas grobes Meersalz

●●○

Die Kartoffel schälen und in Wasser weich kochen. Abkühlen lassen und durch eine Kartoffelpresse drücken.

Mehl, Grieß und Salz mit dem Kartoffelbrei mit den Händen verkneten, bis eine homogene Masse entsteht.

Eine Schüssel mit 120 ml lauwarmen Wasser füllen, die Hefe hineinbröckeln, den Zucker hinzufügen und das Ganze gut verrühren.

Die Flüssigkeit mit der Kartoffel-Mehl-Mischung vermengen. Wasser hinzufügen, bis ein weicher und klebriger Teig entsteht.

Eine mittelgroße feuerfeste Form einölen und den Teig mit feuchten Händen darin verteilen bis eine 1 cm hohe Schicht fast den ganzen Boden bedeckt (der Rand wird beim Aufgehen des Teiges ausgefüllt).

Die Form mit einem sauberen Geschirrtuch abdecken und den Teig mindestens 1 Stunde gehen lassen. Immer wieder kontrollieren, ob der Teig auch schön aufgeht.

Die Tomaten waschen, vom Stielansatz befreien und halbieren.

Den Backofen auf 180 °C vorheizen.

Den Teig nach dem Gehen gleichmäßig mit den Tomatenhälften belegen.

Mit reichlich Olivenöl übergießen, etwas grobes Salz und Oregano darüber streuen. Den Fladen 25-30 Minuten im Ofen backen. Warm servieren.

Acquasale Brot

(Pane all'acquasale)

Zutaten für 4 Personen:

- 200 g vollreife Tomaten
- 1 rote Zwiebel
- 1 Knoblauchzehe
- 1/2 Bund Basilikum
- 1/2 Gurke
- 4 große Scheiben altbackenes Weißbrot
- 1 TL Oregano
- Salz
- kalt gepresstes Olivenöl

●○○

Die Tomaten waschen, vom Stielansatz befreien, halbieren und in Spalten schneiden.

Die Zwiebel und den Knoblauch schälen, beides fein hacken. Basilikum waschen, trocken tupfen und die Blätter abzupfen. Die Gurke schälen und in feine Scheiben schneiden. Die Scheiben halbieren.

Die Brotscheiben auf einen großen Teller legen. Mit Tomaten, Gurkenscheiben, Zwiebel- sowie Knoblauchwürfeln und Basilikumblättern belegen. Mit Oregano bestreuen, salzen und mit etwas Olivenöl beträufeln.

Das Ganze etwa 30 Minuten durchziehen lassen und anschließend als Vorspeise servieren.

Posta Arignano - San Severo DOC, Weißwein
Weinkellerei D'Alfonso del Sordo, San Severo (Foggia)

Marinierte Anchovis

(Alici marinate)

Zutaten für 4 Personen:

- 1 kg frische Anchovis (Sardellen)
- 250 ml Weißweinessig
- Salz
- 3 Knoblauchzehen
- 1 Bund frische Petersilie
- eventuell 1 Prise Chilipulver
- kalt gepresstes Olivenöl

●●○

Die Anchovis waschen und jeweils den Kopf abtrennen. Die Fische am Bauch entlang einschneiden und die beiden Hälften auseinanderklappen ohne sie dabei voneinander zu trennen. Die Fische von Gräten befreien.

Nochmals unter kaltem Wasser waschen und mit Küchenpapier trocken tupfen.

Auf einem großen Teller auslegen. Mit Weißweinessig beträufeln und mit Salz würzen. Die Anchovis mindestens 2 Stunden im Kühlschrank durchziehen lassen.

Kurz bevor die Fische aus dem Kühlschrank geholt werden, den Knoblauch schälen und fein hacken. Die Petersilie waschen, trocken schütteln, die Blätter von den Stielen zupfen und ebenfalls fein hacken.

Die Fische kurz kalt abspülen und trocken tupfen. Dann mit Knoblauch und Petersilie bestreuen. Nach Belieben mit etwas Chilipulver würzen. Gleichmäßig mit Olivenöl beträufeln.

Sofort servieren.

Bolina - Salento IGT, Weißwein
Weinkellerei Rosa del Golfo, Alezio (Lecce)

Hefeteigbällchen
(Pittule)

Zutaten für 4 Personen:

Für die Hefeteigbällchen:
- 1/2 Würfel Hefe
- ca. 150 ml lauwarmes Wasser
- 500 g Mehl Type 405
- 500 ml kalt gepresstes Olivenöl
- Salz

Für die Füllung:
wahlweise:
- gegarte Blumenkohlröschen
- Stockfisch, gewässert und zerpflückt
- Mischung aus Sardellen, Oliven und Tomatenstückchen

●●○

Die Hefe zerbröckeln und in etwas lauwarmen Wasser auflösen.

Das Mehl in eine Schüssel geben, in die Mitte eine Mulde drücken und darin die Hefe mit dem Mehl vermengen. Das lauwarme Wasser nach und nach hinzugeben. Das Ganze mit beiden Händen verkneten, bis ein glatter Teig entsteht.

Den Teig zu einer Kugel formen, mit einem sauberen Geschirrtuch bedecken und an einem warmen Ort circa 3 Stunden gehen lassen.

Nach dem Gehen in den Teig wahlweise gegarte Blumenkohlröschen, Stockfisch oder eine Mischung aus Sardellen, Oliven und Tomatenstückchen einarbeiten.

Das Olivenöl in einer tiefen Pfanne erhitzen. Vom Teig mit einem Esslöffel Portionen abstechen und diese in das heiße Öl gleiten lassen. Sobald die Bällchen goldgelb gebacken sind, mit einem Schaumlöffel herausheben und auf Küchenpapier abtropfen lassen.

Die Bällchen leicht salzen und noch warm servieren.

Pizzataschen
(Panzerotti)

Zutaten für 4 Personen:

- 8 vollreife Cocktailtomaten
- 20 g frische Hefe
- Salz
- 400 g Mehl Type 405
- 200 ml lauwarmes Wasser
- 2 Kugeln Mozzarella
- Pfeffer aus der Mühle
- 500 ml kalt gepresstes Olivenöl

Die Tomaten waschen, halbieren und in wenig Wasser zu einer sämigen Sauce kochen.

Die Hefe in etwas lauwarmem Wasser auflösen. Das Mehl in eine Schüssel geben, in die Mitte eine Mulde drücken und darin die Hefe mit dem Mehl vermengen. Eine Prise Salz zufügen. Das lauwarme Wasser nach und nach hinzugeben. Das Ganze mit beiden Händen verkneten, bis ein glatter Teig entsteht.

Aus dem Teig 4 Kugeln formen. Auf einer bemehlten Arbeitsfläche Kreise mit einem Durchmesser von circa 12 cm ausrollen.

Den Mozzarella abtropfen lassen und in Scheiben schneiden.

Auf jeweils einer Hälfte der Teigscheibe etwas Tomatensauce verstreichen. 1 bis 2 Mozzarellascheiben darauf legen. Salzen und pfeffern.

Das Öl in einer großen tiefen Pfanne erhitzen.

Die Teigscheiben jeweils zu einer halbmondförmigen Tasche zusammenklappen. Die Ränder fest zusammendrücken und leicht eindrehen, damit die Pizzataschen sich beim Garen nicht öffnen.

Die Pizzataschen im heißen Öl goldbraun frittieren.

Mit einem Schaumlöffel herausheben und auf Küchenpapier abtropfen lassen. Heiß servieren.

Frittierte Fische mit Safran *(Scapece gallipolina)*

Zutaten für 4 Personen:

●●○

- 1 kg kleine, frische Fische (in Apulien werden Pupiddi und Latterini verwendet, es eignen sich aber auch andere kleine Fische, z.B. Ährenfische, Sardellen oder Sardinen)
- etwas Mehl
- 500 ml kalt gepresstes Olivenöl
- 1 l Weißweinessig
- 2 Tütchen Safran
- 300–400 g Semmelbrösel

Die Fische sorgfältig waschen und in Mehl wälzen. Das Öl in einer tiefen Pfanne erhitzen. Die ganzen Fische darin portionsweise in 3 bis 5 Minuten goldgelb frittieren. Auf Küchenpapier abtropfen lassen.

Den Weißweinessig in einem Gefäß mit dem Safran verrühren. Die Semmelbrösel in eine Schüssel geben und mit dem Safranessig übergießen.

In einer Terrine eine Lage frittierte Fische auslegen, mit einer Schicht Semmelbrösel bedecken und so lange fortfahren, bis alle Fische aufgebraucht sind. Mit einer Schicht Semmelbrösel abschließen.

Die Fische einige Tage im Kühlschrank durchziehen lassen.

Cappello di Prete - Salento IGT, rot
Weinkellerei Candido, San Donaci (Brindisi)

Nudel- und Reisgerichte

Orecchiette mit Stängelkohl
(Orecchiette con le cime di rapa)

●○○

Zutaten für 4 Personen:

- 300 g Stängelkohl (oder junger Brokkoli)
- 1 EL grobes Salz
- 300 g frische Orecchiette (siehe Foto)
- 1 Knoblauchzehe
- kalt gepresstes Olivenöl
- 1 Prise geriebene Pfefferschoten oder 2–3 ganze Schoten
- 4 Sardellenfilets aus dem Glas
- 4–5 EL Semmelbrösel

Den Stängelkohl waschen, putzen, klein schneiden und in reichlich kochendes Salzwasser geben, da später im gleichen Wasser die Nudeln gegart werden.

Nach 10 Minuten die Orecchiette hinzufügen. Nudeln und Gemüse weitere 10 Min. kochen.

Inzwischen den Knoblauch schälen. Etwas Öl in einer Pfanne erhitzen. Knoblauch, eine Prise Pfefferschoten, die Sardellenfilets und nach Belieben einige Esslöffel Semmelbrösel darin anrösten.

Gemüse und Nudeln abseihen.

Sobald der Knoblauch Farbe annimmt, die Orecchiette mit dem Kohlgemüse ebenfalls in die Pfanne geben. Das Ganze durchschwenken, damit die Nudeln den Geschmack der restlichen Zutaten gut aufnehmen.

Einen Schuss Olivenöl zufügen und die Nudeln servieren.

Tipp
Stängelkohl wird hauptsächlich in Apulien und Kampanien angebaut. Sie erhalten ihn auf gut sortierten Wochenmärkten und in italienischen Feinkostläden.

Gazza Ladra - Puglia IGT, Weißwein
Weingut Santa Lucia, Corato (Bari)

Spaghetti mit Seeigel
(Spaghetti ai ricci di mare)

Zutaten für 4 Personen:

- **320 g Spaghetti**
- **120 g Seeigelrogen**
- **Salz**
- **1 Knoblauchzehe**
- **kalt gepresstes Olivenöl**
- **3 EL frisch gehackte Petersilie**

●○○

Die Seeigel mit der oberen Seite (erkennbar an dem kleinen Loch in der Mitte) in einem Tuch festhalten. Mit der Küchenschere in die Öffnung fahren und einen Deckel herausschneiden. Den ausgeschnittenen Deckel behutsam abheben und die empfindlichen, zarten Rogen (Eierstöcke) mit einem Teelöffel vorsichtig aus dem Panzer holen. Dabei den Seeigelsaft auffangen und durch ein feines Sieb passieren.

Die Spaghetti in reichlich Salzwasser bissfest garen.

Inzwischen den Knoblauch schälen und in einer Pfanne in etwas Olivenöl anrösten. Die Spaghetti abseihen, zum Knoblauch geben, einige Esslöffel Spaghettiwasser hinzufügen und kräftig vermengen. Den Seeigelrogen und den aufgefangenen Saft hinzufügen und alles nochmals 1 Minute durchmischen.

Die Spaghetti mit gehackter Petersilie bestreuen und sofort servieren

Girofle - Salento IGT Rosé
Weingut Monaci, Copertino (Lecce)

Kichererbsensuppe mit Bandnudeln (Ciceri e tria)

Zutaten für 4 Personen:

●●○

- 300 g Kichererbsen
- Salz
- 1 Zwiebel
- 1 Stangensellerie
- 1 Karotte
- 2 Zweige Petersilie
- kalt gepresstes Olivenöl
- 3 geschälte Tomaten aus der Dose
- 400 g frische, breite Tria Bandnudeln (traditionell werden bei diesem Rezept 2 Drittel weiße Nudeln und 1 Drittel Nudeln aus Weinteig verwendet)
- Pfeffer aus der Mühle

Die Kichererbsen über Nacht in leicht gesalzenem Wasser einweichen. Anschließend abtropfen lassen (verwendet man bereits gegarte Kichererbsen aus der Dose, werden diese erst zum Schluss in die Gemüsebrühe gegeben).

Die Zwiebel schälen, den Stangensellerie putzen, die Karotte schälen und das Gemüse in kleine Würfel schneiden. Die Petersilie waschen, trocken tupfen und die Blätter fein schneiden.

Das Gemüse in einem Topf in etwas Olivenöl anrösten. Die Kichererbsen und die Tomaten hinzufügen. Die Tomaten mit einer Gabel zerdrücken. Mit 1 l Wasser aufgießen, das Ganze salzen, pfeffern und bei mittlerer Hitze zugedeckt köcheln lassen, bis die Kichererbsen weich sind.

Zwei Drittel der Bandnudeln in reichlich Salzwasser bissfest kochen.

In einer Pfanne etwas Öl erhitzen und die restlichen rohen Nudeln darin goldbraun frittieren.

Die gegarten Nudeln abseihen und gemeinsam mit den frittierten Nudeln in die Kichererbsensuppe geben. Das Bratöl der Nudeln und eine Prise Pfeffer unterrühren. Sofort servieren.

Girofle - Salento IGT, Rosé
Weingut Monaci, Copertino (Lecce)

Saubohnen mit Zichorienblättern

(Fave e cicoria)

●●○

Zutaten für 4 Personen:

- 400 g getrocknete Saubohnen (dicke Bohnen)
- kalt gepresstes Olivenöl
- 50 g gewürfelter Stangensellerie
- 50 g gewürfelte Zwiebel
- 50 g gewürfelte Karotten
- 2 Knoblauchzehen
- 1 Lorbeerblatt
- Salz
- Pfeffer aus der Mühle
- 600 g grüne Zichorienblätter
- 2–3 Pfefferschoten

Die Bohnen über Nacht in Wasser einweichen.

Am nächsten Tag etwas Öl in einem Topf erhitzen. Bohnen und gewürfeltes Gemüse darin anrösten. Eine geschälte Knoblauchzehe und ein Lorbeerblatt zufügen. Etwa 250 ml Wasser angießen. Das Ganze salzen, pfeffern und zugedeckt so lange köcheln lassen, bis die Bohnen weich sind und fast zerfallen.

Das Lorbeerblatt entfernen und die Bohnen mitsamt dem Gemüse zu einer homogenen Creme pürieren.

Die Zichorienblätter waschen und etwa 3 Minuten in kochendem Wasser blanchieren. Abseihen und abkühlen lassen.

Die zweite Knoblauchzehe schälen. Etwas Öl in einer Pfanne erhitzen. Knoblauch, Zichorienblätter und Pfefferschoten darin andünsten.

Die Bohnencreme und das Zichoriengemüse auf einem vorgewärmten Servierteller anrichten.

Mit reichlich Olivenöl beträufeln und sofort servieren. Geröstete Weißbrotscheiben dazu reichen.

Tipp

Zichorie wird auch Wegwarte genannt. Die löwenzahnähnlichen Blätter sind sehr zart und schmecken leicht bitter.

Tempio di Giano - Salento IGT, Rotwein
Weinkellerei Vetrere, Montemesola (Taranto)

Auberginenauflauf
(Parmigiana di melanzane)

Zutaten für 4 Personen:

- 4 mittelgroße Auberginen
- Salz
- ca. 200 ml kalt gepresstes Olivenöl zum Frittieren
- 150 g Mehl
- 2 Eier
- 2 Kugeln Mozzarella
- 1 l fertige Tomatensauce aus der Flasche
- 2 EL frisch gehacktes Basilikum
- 100 g frisch geriebener Parmesan oder Pecorino

●●○

Die Auberginen waschen, von den Stielansätzen befreien und in Scheiben schneiden. In einem flachen Gefäß nebeneinander legen, großzügig mit Salz bestreuen und einige Stunden stehen lassen.

Das Öl in einer tiefen Pfanne erhitzen.

Die Auberginenscheiben mit Küchenpapier trocken tupfen. Zunächst im Mehl wenden und dann durch die verquirlten Eier ziehen. Portionsweise im heißen Öl frittieren. Herausnehmen und abtropfen lassen.

Den Mozzarella abtropfen lassen und in Scheiben schneiden. Den Backofen auf 160 °C vorheizen.

In eine feuerfeste rechteckige Form eine Schicht Auberginen legen. Etwas Tomatensauce, Basilikum, einige Mozzarellascheiben und etwas geriebenen Käse darauf verteilen. Vorgang wiederholen, bis alle Zutaten aufgebraucht sind (es können auch andere Zutaten, wie z.B. Schinkenwürfel, hinzu gegeben werden). Die letzte Schicht sollte mit reichlich Tomatensauce übergossen werden.

Den Auflauf etwa 10 Min. im Backofen garen bis der Mozzarella schmilzt und sich eine goldgelbe Kruste bildet.

Donna Cecilia - Daunia IGT Rotwein
Azienda agricola Sergio Grasso, Lucera (Foggia)

Selbstgemachte Fusilli in Ciambotella Sauce

(Fusilli in ciambottella)

Zutaten für 4 Personen:

●●○

- 300 g Mehl Type 405
- ca. 250 ml Wasser
- 2 Knoblauchzehen
- 500 g Kirschtomaten
- Salz
- 100 ml kalt gepresstes Olivenöl
- 400 g zartes Blattgemüse (Kürbissprossen, Mangold, Endiviensalat)
- 2–3 Chilischoten

Das Mehl mit Wasser verkneten, bis ein homogener und weicher Teig entsteht.

Den Teig zu 3 cm langen Strängen formen und diese über einer dicken Stricknadel drehen, bis die Form einer Spiralnudel erreicht wird.

Den Knoblauch schälen und fein hacken. Die Tomaten waschen und halbieren.

In einer Pfanne etwas Öl erhitzen. Darin zunächst den Knoblauch anrösten, dann die Tomatenhälften hinzufügen. Einige Minuten köcheln lassen, dann die Pfanne beiseite stellen.

Kürbissprossen, Mangold oder Endiviensalat waschen. Größere Blätter zerkleinern. Das Blattgemüse in reichlich Salzwasser 5 Min. garen. Die Nudeln zufügen und bissfest kochen.

Nudeln und Blattgemüse abseihen. In die Pfanne mit den Tomaten geben. Das Ganze nochmals kurz erhitzen, die Chilischoten hinzugeben und untermischen.

Sofort servieren.

Sogno di Volpe - San Severo DOC Rosé
Weinkellerei Ariano, San Severo (Foggia)

Maccheroncini mit Brotbällchen-Sauce

(Maccheroncini con ragù di polpette di pane)

●●○

Zutaten für 4 Personen:

- 500 g altbackenes Weißbrot
- 1 Bund Petersilie
- 2 Knoblauchzehen
- 100 g frisch geriebener Pecorino
- 4 Eier
- 150 ml kalt gepresstes Olivenöl
- 300 g Maccheroncini (kurze Rohrnudeln)
- 300 g passierte Tomaten aus der Flasche
- Salz

Das Weißbrot mit der Hand in kleine Stücke reißen, dabei die Rinde entfernen.

Die Petersilie waschen, trocken schütteln, von den harten Stielen befreien und fein hacken. Eine Knoblauchzehe schälen und ebenfalls fein hacken.

Petersilie, Knoblauch, Pecorino, Eier, Brotstückchen und einen Schuss Olivenöl sorgfältig mit den Händen verkneten. Aus der Masse kleine Bällchen formen.

100 ml Öl in einer Pfanne erhitzen. Die Hitze reduzieren und die Bällchen darin goldbraun frittieren, dabei mehrmals wenden. Auf Küchenpapier abtropfen lassen.

Die zweite Knoblauchzehe schälen und fein hacken. Restliches Öl in einer Pfanne erhitzen und den Knoblauch darin anrösten. Die passierten Tomaten hinzufügen und 5 Min. köcheln lassen.

Die Brotbällchen zur Tomatensauce geben und etwa 2 Stunden leicht simmern lassen.

Kurz vor Ende der Garzeit die Nudeln in reichlich Salzwasser bissfest kochen.

Die Nudeln abseihen und mit der Sauce sowie den Bällchen vermischen.

Sofort servieren.

Cacc'e mmitte di Lucera - Cacc'e mmitte di Lucera DOC
Weinkellerei Terravecchia di Alberto Longo, Lucera (Foggia)

Spaghetti mit Miesmuscheln in Weißwein
(Spaghetti alle cozze in bianco)

●○○

Zutaten für 4 Personen:

- 1,2 kg Miesmuscheln
- kalt gepresstes Olivenöl
- 400 g Spaghetti
- Salz
- 1 Knoblauchzehe
- 1 Bund Petersilie
- 1 Zweig frischer Oregano
- 1 Schuss trockener Weißwein
- Pfeffer aus der Mühle

Die Muscheln unter fließendem kaltem Wasser waschen, sorgfältig abbürsten, den Muschelbart herausziehen und die Muscheln nochmals gut abspülen.

Das Muschelfleisch auslösen und beiseite legen. Einige Muschelschalen zum Garnieren aufbewahren.

Die Spaghetti in nur leicht gesalzenem Wasser bissfest kochen.

Den Knoblauch schälen. Petersilie und Oregano waschen, trocken schütteln, von den Stielen befreien und fein hacken. Etwas Öl in einer großen Pfanne erhitzen. Knoblauch, Oregano, Petersilie und Pfeffer kurz darin anrösten. Mit Weißwein ablöschen, die ausgelösten Muscheln hinzufügen und bei niedriger Hitze simmern lassen.

Die Nudeln abseihen und in die Pfanne mit dem Muschelfleisch geben. Vorsichtig untermischen. Jede Portion Spaghetti mit einigen Muschelschalen garnieren.

Sofort servieren.

Greco - Puglia IGT Weißwein
Weinkellerei Casaltrinità, Trinitapoli (Foggia)

Reisauflauf mit Kartoffeln und Miesmuscheln

(Tiella di riso, patate e cozze)

Zutaten für 4 Personen:

●●○

- 2 Zwiebeln
- 2 Zucchini
- 500 g Kartoffeln
- 500 g vollreife Tomaten
- Salz
- Pfeffer aus der Mühle
- 1 kg Miesmuscheln
- kalt gepresstes Olivenöl
- 300 g Reis
- 2 EL frisch geriebener Pecorino
- 1 EL frisch gehacktes Basilikum

Zwiebeln, Zucchini, Kartoffeln und Tomaten waschen, putzen und in dünne Scheiben schneiden.

In eine feuerfeste, hohe Terrine (möglichst aus Ton) eine Schicht Zwiebelringe, eine Schicht Zucchini und eine Schicht Kartoffelscheiben einlegen. (Zucchini und Kartoffeln für jeweils eine Schicht beiseite legen.)

Die Muscheln unter fließend kaltem Wasser waschen, sorgfältig abbürsten, den Muschelbart herausziehen, öffnen und die obere Schale entfernen. Das Muschelwasser, das beim Öffnen der Muscheln austritt, auffangen und sieben.

Den Backofen auf 190 °C vorheizen.

Auf das Gemüse in der Terrine eine Schicht Muscheln und dann eine Schicht rohen Reis geben. Das gesiebte Muschelwasser darüber gießen.

Eine Schicht Tomatenscheiben, eine Schicht Zucchini und eine Schicht Zwiebeln darauf einlegen.

Die oberste Schicht mit Pecorino sowie Basilikum bestreuen und mit Olivenöl beträufeln.

Den Auflauf etwa 45 Minuten im Ofen garen. Heiß oder kalt servieren.

Vignuolo - Castel del Monte DOC, Rosé
Weinkellerei Vignuolo, Andria

Orecchiette aus geröstetem Weizen mit Zucchinisprossen

(Orecchiette di grano arso con cime di zucchine)

Zutaten für 4 Personen:

- 500 g Stängel, zarte Blätter und Blüten einer Zucchinipflanze
- Salz
- 200 g Orecchiette (aus geröstetem Weizen)
- 2 Knoblauchzehen
- kalt gepresstes Olivenöl
- gereifter Ricotta zum Reiben (Ricotta salata), ersatzweise Parmesan

●●○

Die Blätter und Stängel der Zucchinipflanze sorgfältig von harten Stellen und Fasern befreien. Zu große Blätter aussortieren. Die Blüten im Ganzen verwenden. Alles gut waschen.

Das Zucchinigemüse in reichlich Salzwasser blanchieren.

Nach einigen Minuten die Orecchiette zugeben und mitgaren.

Inzwischen den Knoblauch schälen und in etwas heißem Öl in einer großen Pfanne anrösten.

Die Nudeln mitsamt dem Gemüse abseihen und in die Pfanne mit dem Knoblauch geben. Kräftig durchrühren.

Auf jede Portion Nudeln etwas Ricotta reiben und alles sofort servieren.

Tipp

Stängel, Blätter und Blüten einer Zucchinipflanze bestellen Sie am besten im Frühjahr bei einem Gemüsehändler vor.

Vigna Pedale - Castel del Monte DOC, Rotwein
Kellerei Torrevento, Corato (Bari)

Fleisch- und Fischgerichte

Apulische Schweinewurst

(Salsiccia a punta di coltello)

Zutaten für 4 Personen:

- kalt gepresstes Olivenöl
- 500 g apulische Schweinewurst (diese luftgetrocknete Wurst wird mit wildem Fenchel, Orangenschalen, Pfefferschoten, Salz und Weißwein aus Gravina gewürzt)
- 1 Zweig Rosmarin
- 125 ml trockener Weißwein
- Salz

●○○

Den Backofen auf 180 °C vorheizen.

Eine feuerfeste Form mit Öl ausstreichen. Die Wurst und den Rosmarinzweig hineinlegen. Das Ganze circa 30 Minuten im Backofen braten.

Nach 15 Minuten die Wurst mit dem Weißwein übergießen, etwas Salz darüber streuen und fertig braten lassen.

Sofort servieren.

Vigna del Melograno - Castel del Monte DOC , Rotwein
Weingut Santa Lucia, Corato (Bari)

Rouladen aus Pferdefleisch in Tomatensauce

(Involtini di cavallo al ragù)

Zutaten für 4 Personen:

- 1 Bund Petersilie
- 800 g Filet vom Pferdefleisch, in 8 Rouladen geschnitten
- 50 g Kapern
- 100 g frisch geriebener Pecorino
- Pfeffer aus der Mühle
- 1 Knoblauchzehe
- 100 ml kalt gepresstes Olivenöl
- 150 ml Rotwein
- 1 l passierte Tomaten aus der Flasche
- Salz

Die Petersilie waschen, trocken schütteln, von den Stängeln befreien und fein hacken. Die Rouladen flach klopfen und mit Kapern, Petersilie, Pecorino und Pfeffer bestreuen.

Die Rouladen einrollen und mit einem Zahnstocher fixieren.

Den Knoblauch schälen und in einer Pfanne in heißem Öl kurz anrösten. Die Rouladen einlegen, kurz von allen Seiten anbraten und mit Rotwein ablöschen.

Die passierten Tomaten hinzufügen, salzen und die Rouladen zugedeckt mindestens 3 Stunden köcheln lassen. Hin und wieder eventuell etwas Wasser hinzufügen.

Amativo - Salento IGT, Rotwein
Weinkellerei Cantele, Guagnano (Lecce)

Lamm-Kartoffel-Auflauf

(Tiella di agnello e patate)

Zutaten für 4 Personen:

- 1 kg festkochende Kartoffeln
- 3 Knoblauchzehen
- 1,2 kg Lammfleisch aus der Schulter
- 100 ml kalt gepresstes Olivenöl
- 50 g Semmelbrösel
- Salz
- Pfeffer aus der Mühle

Die Kartoffeln waschen, schälen und in Scheiben schneiden. Den Knoblauch schälen und fein hacken.

Den Backofen auf 180 °C vorheizen.

Das Lammfleisch in mundgerechte Stücke schneiden. Einen feuerfesten Topf mit 1 Esslöffel Öl ausstreichen und die Lammstücke sowie die Kartoffelscheiben hinein legen.

Reichlich Semmelbrösel darüber streuen, den Knoblauch hinzufügen, salzen und pfeffern.

Den Topfinhalt mit dem restlichen Olivenöl beträufeln. 50 ml Wasser angießen.

Den Auflauf etwa 45 Minuten im Backofen garen.

Terragnolo - Salento IGT, Rotwein
Weingut Apollonio, Monteroni di Lecce (Lecce)

Krake im Topf
(Polpo in pignatta)

Zutaten für 4 Personen:

- 1 ganzer Krake (ca. 700 g)
- 3 vollreife Tomaten
- 1 Zwiebel
- 1 Knoblauchzehe
- 1 Bund Petersilie
- 1 Lorbeerblatt
- 1 kräftiger Schuss kalt gepresstes Olivenöl
- Pfeffer aus der Mühle

●●○

Den Kraken am besten vom Fischhändler ausnehmen und weich klopfen lassen. Nochmals gründlich waschen. Die Tomaten waschen, vom Stielansatz befreien und in Würfel schneiden. Zwiebel und Knoblauch schälen und fein hacken. Die Petersilie waschen, trocken schütteln, von den Stängeln befreien und ebenfalls fein schneiden.

Den Kraken im Ganzen in einen feuerfesten Topf legen. Tomaten, Zwiebeln, Knoblauch, Petersilie, das Lorbeerblatt und Pfeffer hinzufügen.

Den Topfinhalt mit Öl übergießen. Das Ganze erhitzen und dann zugedeckt mindestens 2 Stunden lang simmern lassen.

Den Kraken vor dem Servieren in mundgerechte Stücke schneiden.

Ponte della Lama - Puglia IGT, Rosé
Weinkellerei Cefalicchio, Canosa di Puglia

Krakensalat mit Bohnen und Kartoffeln

(Insalata di polpo, fagiolini e patate)

Zutaten für 4 Personen:

●●○

- 1 ganzer Krake (ca. 700 g)
- 3 mittelgroße, gekochte Kartoffeln
- 300 g grüne Bohnen
- 1 Knoblauchzehe
- einige Pfefferminzblätter
- Salz
- Pfeffer aus der Mühle
- 1–2 EL Zitronensaft
- abgeriebene Schale von 1 unbehandelten Zitrone
- kalt gepresstes Olivenöl

Den Kraken am besten vom Fischhändler ausnehmen und weich klopfen lassen. Nochmals gründlich waschen, in einen Topf legen und mit Wasser bedecken, erhitzen und 35 bis 40 Minuten garen, bis das Krakenfleisch weich ist.

Herausnehmen, abtropfen und anschließend auf einem Teller erkalten lassen.

Die Kartoffeln schälen. Die Bohnen waschen und putzen. Kartoffeln und Bohnen über Wasserdampf weich garen.

Das Gemüse und den Kraken klein schneiden und in eine Salatschüssel geben. Den Knoblauch schälen und fein hacken. Die Pfefferminzblätter waschen und trocken tupfen.

Salz, Pfeffer, Zitronensaft sowie -schale, Knoblauch und Öl zu einer Marinade verrühren. Den Krakensalat damit marinieren. Die Pfefferminzblätter darüber streuen und den Salat nochmals gut durchmischen.

Lauwarm servieren.

Primaluce - Castel del Monte DOC, Rosé
Weinkellerei Carpentiere, Corato (Bari)

Fischsuppe nach Gallipoli Art

(Zuppa di pesce alla gallipolina)

Zutaten für 4 Personen:

- 2 Tintenfische
- 4 Riesengarnelen
- 1 großer oder 4 kleine rote Drachenköpfe
- 2 Filets vom Zackenbarsch
- 1 Sardinenfilet
- 1 Seeteufel
- 500 g Venusmuscheln
- 10 vollreife Kirschtomaten
- 1 Knoblauchzehe
- 2 Zwiebeln
- kalt gepresstes Olivenöl
- 200 ml trockener Weißwein
- 4 EL Petersilie
- 2 Lorbeerblätter
- Salz
- Pfeffer aus der Mühle

Tintenfische, Garnelen, ganze Fische sowie Muscheln sorgfältig säubern bzw. entschuppen und waschen (am besten man lässt die Meerestiere vom Fischhändler säubern und ausnehmen). Die Tintenfische halbieren. Die Fische in grobe Stücke schneiden. Die Kirschtomaten waschen.

Knoblauch und Zwiebeln schälen und fein hacken. Gute 2 Esslöffel Öl in einem großen Topf erhitzen. Knoblauch und Zwiebel kurz darin anrösten.

Fische und Meeresfrüchte hinzufügen und mit Weißwein ablöschen.

Den Alkohol einkochen lassen, dann die Kirschtomaten dazugeben.

Salzen und pfeffern. Die Petersilie waschen, trocken schütteln und fein hacken. Etwas davon beiseite legen. Den Rest zusammen mit den Lorbeerblättern in die Fischsuppe geben.

Die Suppe zugedeckt circa 20 Minuten bei mittlerer Hitze köcheln lassen.

Vor dem Servieren noch mit etwas gehackter Petersilie bestreuen.
Geröstetes Weißbrot dazu reichen.

Sessantanni - Primitivo di Manduria DOC - Weinkellereien Feudi di San Marzano, San Marzano di San Giuseppe (Taranto)

Gratinierte Miesmuscheln

(Cozze gratinate)

Zutaten für 4 Personen:

- 1 kg Miesmuscheln
- 1 Bund Petersilie
- 1 Zweig frischer Oregano
- 1 Knoblauchzehe
- 100 g Semmelbrösel
- 50 g frisch geriebener Parmesan
- Pfeffer aus der Mühle
- kalt gepresstes Olivenöl

Die Muscheln sorgfältig unter kaltem fließendem Wasser abbürsten, den eventuellen Muschelbart herausziehen, mit einem kleinen scharfen Messer die Schale öffnen, die obere Schale entfernen und die untere mitsamt dem Muschelfleisch in eine feuerfeste Form legen.

Den Backofen auf 200 °C vorheizen.

Petersilie und Oregano waschen, die Blätter abzupfen und fein hacken. Den Knoblauch schälen und fein würfeln.

Aus Semmelbröseln, Parmesan, Oregano, Petersilie, Knoblauch, Pfeffer und ausreichend Olivenöl eine feine Paste herstellen.

Die Paste gleichmäßig auf die Muschelhälften in der Form verteilen.

Die Muscheln circa 5 Minuten im Backofen gratinieren.

Sofort servieren.

Cantalupi - Salice Salentino DOC, Weißwein
Weinkellerei Conti Zecca, Leverano (Lecce)

Gefüllte Paprika

(Peperoni ripieni)

Zutaten für 4 Personen:

- Brotkrume von zwei Brötchen
- etwas Milch
- 1 TL Kapern
- 1 Bund Petersilie
- 1 Knoblauchzehe
- 400 g Hackfleisch vom Kalb
- 1 Ei
- 70 g frisch geriebener Pecorino
- Salz
- Pfeffer aus der Mühle
- 4 rote, mittelgroße Paprikaschoten
- kalt gepresstes Olivenöl

●●○

Die Brotkrume in etwas Milch einweichen. Die Kapern fein schneiden. Die Petersilie waschen, trocken schütteln, von den Stielen befreien und fein hacken. Den Knoblauch schälen und ebenfalls fein hacken.

Hackfleisch in eine Schüssel geben und darin gründlich mit Ei, eingeweichter Brotkrume, Pecorino, Kapern, Petersilie und Knoblauch vermischen. Die Füllung mit Salz und Pfeffer würzen.

Den Backofen auf 180 °C vorheizen.

Die Paprikaschoten waschen, jeweils den Deckel kurz unter dem Stielansatz entfernen und das Innere der Schoten von Samen und Trennwänden befreien.

Die Hackfleischmischung in die Paprikaschoten füllen. Die Füllung leicht festdrücken.

Die Paprikaschoten in eine feuerfeste Form legen. Jeweils den Deckel wieder auflegen. Die Schoten mit Olivenöl begießen und circa 40 Minuten im Backofen garen.

Sofort servieren.

Zaniah - Puglia IGT, Rotwein
Cantine Polvanera, Gioia del Colle (Bari)

Desserts

Getrocknete Feigen

(Fichi secchi)

Zutaten:

- 10-15 weiße, vollreife Feigen
- 10-15 geröstete Mandeln
- abgeriebene Schale von 1 unbehandelten Zitrone
- 10-15 Stückchen Bitter– oder Vollmilchschokolade
- 2 Lorbeerblätter
- 1 TL Fenchelsamen

●●○

Die ganzen und reifen Feigen etwa 1 Woche lang in der Sonne trocknen lassen. Die Früchte dabei auf ein Gitter legen, damit sie gut durchlüftet werden. Mit einem dünnen Tuch abdecken und hin und wieder wenden.

Die getrockneten Feigen einige Minuten in Wasser kochen, abseihen und in einem Sieb abtropfen lassen.

Den Backofen auf 220 °C vorheizen.

Die Feigen jeweils quer in der Mitte einschneiden, sodass die beiden Hälften noch aneinander haften. Jeweils 1 geröstete Mandel, etwas geriebene Zitronenschale und 1 Stückchen Schokolade einlegen.

Die Feigen zusammendrücken, auf ein Blech legen und circa 30 Minuten im Backofen garen.

In einen Glasbehälter oder ein Tongefäß legen. Mit Lorbeerblättern und Fenchelsamen bestreuen. Behälter oder Gefäß verschließen und das Ganze an einem kühlen, trockenen Ort aufbewahren.

Die Feigen als Nascherei zwischen den Mahlzeiten genießen oder zu Eiscreme reichen.

Tipp
Bereits getrocknete Feigen erhalten Sie in italienischen Feinkostläden.

Carteddhate

Zutaten:

- 1 kg Mehl Type 405
- 200 ml kalt gepresstes Olivenöl
- 200 ml trockener Weißwein
- 500 ml Pflanzenöl zum Frittieren
- 300 ml eingekochter Traubenmost (Vincotto) oder flüssiger Honig
- bunter Streuzucker

Das Mehl auf einer Arbeitsfläche anhäufen. In die Mitte eine Mulde drücken, Öl sowie Wein hinein gießen und das Ganze mit beiden Händen zu einem glatten Teig verkneten. Eventuell etwas Wasser hinzufügen, sollte der Teig zu trocken sein.

Den Teig in mehrere Portionen teilen und diese zu runden, dünnen, großen Kreisen ausrollen.

Die Kreise mit einem gezackten Teigroller in 4 cm breite und 20-30 cm lange Streifen schneiden.

Die Streifen jeweils zu einem Nest aufrollen und dabei alle 3-4 cm zusammendrücken. Mindestens 12 Stunden trocknen lassen.

Das Pflanzenöl in einem hohen Topf erhitzen. Die Teignester darin portionsweise frittieren. Auf Küchenpapier abtropfen lassen.

Traubenmost oder Honig erhitzen und die frittierten Teignester einzeln hineintauchen. Sorgfältig darin wenden, bis sich die Nester mit Most oder Honig vollgesogen haben. Auf Küchenpapier abtropfen lassen und dann mit buntem Streuzucker bestreuen.

Carteddhate sind in Apulien eine typische Weihnachtsbäckerei.

Il Sava - Primitivo di Manduria DOC, Desserwein
Weingut Savese, Sava (Taranto)

Süße Taralli
(Taralli dolci)

Zutaten für ca. 30 Stück:

- 600 g Mehl Type 405
- 4 Eier
- 1 Prise Salz
- 100 g Zucker
- 4 EL Öl
- 4 EL Marsala
- kalt gepresstes Olivenöl

●●○

Das Mehl in eine Schüssel sieben. Eier, Salz, Zucker, Öl und Marsala zufügen. Das Ganze mit beiden Händen zu einem glatten Teig verkneten.

Aus dem Teig etwa 30, jeweils 15 cm lange Stränge formen und diese jeweils zu einem Kringel zusammenfügen.

Eine feuerfeste Form mit Öl ausstreichen. Den Backofen auf 180 °C vorheizen.

Reichlich Salzwasser erhitzen. Die Taralli portionsweise in das heiße Wasser gleiten lassen.

Sobald sie an die Oberfläche steigen, mit einem Schaumlöffel herausnehmen und in die eingeölte Form legen.

Die Taralli 20 bis 25 Minuten im Ofen backen.

Taralli sind ein Knabbergebäck, das auf einem Jahrhunderte alten Rezept basiert. Sie werden gerne zum Aperitif, bei Weinproben aber auch zu Nudelgerichten als Beilage verzehrt.

In Nomine Patris - Puglia IGT, Rosinenwein
Selezioni Acquario, Trani

Mandeltorte

(Torta rosata)

Zutaten:

- 250 g geschälte Mandeln
- 200 g Zucker
- 6 Eigelbe
- abgeriebene Schale von 1 unbehandelten Zitrone
- 2 Eiweiß
- Butter für die Form

●●○

Die Mandeln und den Zucker in einer Küchenmaschine zu feinem Mehl mahlen.

Das Mandelmehl zusammen mit 100 ml Wasser in einem Topf erhitzen und unter ständigem Rühren etwa 10 Minuten köcheln lassen.

Den Backofen auf 180 °C vorheizen.

Den Topf vom Herd nehmen und die Mandelmasse etwas abkühlen lassen. Das Eiweiß vom Eigelb trennen. Dann die Eigelbe und die Zitronenschale unterrühren.

Die Eiweiße zu festem Schnee schlagen und vorsichtig unter die Mandelmasse heben.

Eine Springform mit Butter einfetten, den Mandelteig einfüllen und glatt streichen.

Die Torte etwa 30 Minuten backen.

Muskatwein aus Trani - Trani DOC Moscato Kellerei Botta, Trani

Kekse mit Amarenakirschmarmelade

(Biscotto cegliese)

Zutaten:

- 500 g geschälte Mandeln
- 10 geschälte bittere Süßmandeln
- 200 g Zucker
- 4 Eier
- 2 EL Liquore Strega (ital. Kräuterlikör)
- abgeriebene Schale von 1 unbehandelten Zitrone Amarena-kirschmarmelade oder herkömmliche Kirschmarmelade
- Öl und Mehl für das Blech

Beide Mandelsorten in einer Pfanne ohne Fettzugabe kurz rösten. In einen Plastikbeutel füllen und mit Hilfe eines Rollholzes auf einer glatten Unterlage zertrümmern.

In einer Schüssel Mandeln, Zucker, Eier, Likör und Zitronenschale mit dem Knethaken eines Handrührgeräts zu einem festen und kompakten Teig verkneten.

Aus dem Teig etwa 12 cm lange und 2 cm dicke Stränge formen.

Den Backofen auf 180 °C vorheizen.

Auf die Hälfte des Teigstranges Marmelade streichen und dann zusammenklappen.

Den Teigstrang zu Stücken von 4 x 4 cm schneiden.

Ein Backblech einölen und mit Mehl bestäuben. Die Teigstücke darauf legen und circa 5 Minuten backen.

Die Kekse auf einem Kuchengitter abkühlen lassen und zu Dessertwein servieren.

Primitivo di Manduria Dolce Naturale
Dessertwein - Primitivo di Manduria DOC
Weinkellerei Attanasio, Manduria (Taranto)

Glossar

Acquasale
Hartes, in Würfel geschnittenes Brot wird mit kaltem Wasser, getrockneten Paprikastreifen, Pfefferschoten, Salz, Olivenöl und Eiern zu einem kalten Salat vermischt.

Baluardo
Eine süditalienische Polenta, die frittiert und in großen Stücken (sgogliozze) serviert wird.

Bruschetta (oder fedda rosse)
Geröstete Brotscheiben mit Tomaten und/oder Knoblauch belegt und mit Olivenöl beträufelt.

Burrata
Sonderform des Mozzarella, in dessen Innerem sich ein Sahne-Butterstück befindet.

Caciocavallo
Frischer oder bis 6 Monate gereifter Kuhmilchkäse mit Ziegenlab, birnenförmig.

Cacioricotta
Zylinderförmiger Frischkäse aus Schafs-und/oder Ziegenkäse. Wird gereift auch als Reibekäse verwendet.

Carddhetate
Typisches Weihnachtsgebäck, das zu einem Nest zusammengerollt in Öl frittiert und mit Vincotto und Honig angereichert wird.

Caroselli und Barattieri
Kleine, runde, helle Gurken

Cavatelli
Kleine Teigschiffchen.

Cialledda
Brotsuppe mit frischen Tomaten

Friselle
Hart gebackene Hartweizen -und/oder Gerstenbrötchen.

Giuncata
Weicher, milder Frischkäse aus Kuh-, Schafs- und/oder Ziegenmilch.

Grüne Zichorie
Eine Wildart der „gemeinen Wegwarte", die in Süditalien als Gemüse verwendet wird. Grüne, zarte, löwenzahähnliche Blätter mit bitterem Geschmack.

Manteca
Ein von gekochtem Käse ummanteltes Stück Butter.

Minchiareddhri
Kurze, gedrehte Bandnudeln.

Mùgnuli
Eine Art kleine Brokkoli, die vor allem im Gebiet um Salento angebaut wird.

Orecchiette
Runde, an den Rändern aufgebogene Nudeln (wie kleine Öhrchen; orecchio=Ohr).

Panzerotti
Pizzataschen. Halbmondförmige, im Ofen gebackene Teigtaschen, die z.B. mit Oliven, Kapern, Zwiebeln und Sardellen oder mit Käse gefüllt werden.

Pìttule
Mit Oliven, Kapern und Tomaten gefüllte und in Öl frittierte Teigbällchen.

Pucce
Hefebrötchen mit Oliven.

Ricotta
Magerer, gesalzener Quark aus Schafsmilch. Wird auch aus Ziegen- und Kuhmilch oder aus einer Mischung daraus hergestellt.

Ricotta Skuant
Gereifter, scharfer Frischkäse aus Schafmilch.

Sagne 'ncannulate
Gedrehte, lange Bandnudeln.

Salsiccia a punta di coltello
Eine grobe Wurst vom Schwein, die für 20 bis 30 Tage an der Luft getrocknet und mit Fenchelsamen, Pfefferschoten, Orangenschalen und Wein gewürzt wird.

Scaldatelli
Große Weizenkringel, mit Olivenöl hergestellt.

Scamorza
Mozzarella, der nach der Produktion in Salzlake

eingelegt und dann erst abgepackt wird. Hat einen Geschmack nach Geräuchertem.

Strascinate
An den Rändern aufgebogene Teigscheiben.

Taralli
Weizenkringel, die aus Weizenmehl, Wasser und Wein gemacht werden.

Traubenhyazinthenzwiebeln (lampascioni)
Die zarten Zwiebeln der Hyazinthe, die im deutschsprachigen Raum eigentlich nur als Zierpflanze bekannt ist, werden in der apulischen Küche zum Kochen verwendet.

Tria
Besondere Bandnudeln aus dem Gebiet um Salento, deren Teig mit Wein angereichert wird.

Troccoli
Frische große, dicke, etwa 30-40 cm lange Spaghetti. Besonders typisch für die Gegend um Foggia.

Turcinieddhi (auch Gnumerieddhe)
Fleischröllchen aus Herz, Lunge und Leber vom Lamm oder der Ziege, die langsam auf dem Grill gegart werden.

Uliate
Wie Pucce, nur kleiner.

Rezeptverzeichnis

Sime srl
Viale Italia 34/E
San Vendemiano (TV) - Italia
www.sime-books.com

ISBN 978-88-95218-56-4

Text und Redaktion
William Dello Russo
Übersetzung
Sonja Schroll
Fotos
Colin Dutton
Adriano Bacchella
Matteo Carassale
Johanna Huber
Roberto Manzotti
Aldo Pavan
Marco Pavan
Massimo Ripani
Stefano Scatà
Giovanni Simeone
Stefano Torrione
Design und Layout,
Jenny Biffis
Farbprofile und Qualitätskontrolle
Fabio Mascanzoni

Einen besonderen Dank an Nicola Campanile (www.ivinidiradici.com) für die wertvolle Beratung bei der Auswahl der Weine.